AF340100

DISCOURS

ET RÉQUISITOIRES

DU CITOYEN CHAPPE,

Commissaire du Pouvoir exécutif, près l'Administration Municipale du septième Arrondissement du canton de Paris ;

Prononcés à la Plantation des Arbres de la de la Liberté, et le jour de la Fête de la SOUVERAINETÉ DU PEUPLE ;

Le 30 Ventôse, an VII de la République Française.

Au Chef-lieu de l'Administrat. rue Avoye.

CITOYENS,

Qu'ELLE est brillante la Fête de cè jour qui a pour objet la célébration de la Souveraineté du Peuple et la Plantation des Arbres de la Liberté !

A

Les sentimens des Républicains sont dans le vif épanchement du plus pur patriotisme. C'est en ce beau moment que le royalisme reconnoît plus que jamais son néant sur le territoire Français ; c'est en cette auguste cérémonie que la liberté acquiert de nouveaux triomphes.

L'Arbre chéri, que vos Magistrats vont planter en votre nom et à celui de la Patrie, donne à ce Chef-lieu un nouveau degré d'illustration : qu'il croisse, qu'il étende ses feuillages, de même que votre attachement au régime républicain et à la Constitution de l'an III se perfectionnent de plus en plus. L'arrondissement a déjà le bonheur de posséder, dans cet édifice, un symbole de ses vertus civiques : non, Citoyens, il n'est pas de jour plus brillant.

Vous conserverez donc avec le plus grand soin, ces précieux gages de votre amour pour la liberté : que son feu sacré enflamme sans cesse votre cœur. Le royalisme et l'anarchie sont en surveillance contre vos trophées ; que votre activité, pour le maintien de vos droits et la tranquillité publique, l'emporte sur leurs odieuses tentatives. Encore quelques pas , le drapeau tricolore sera le signal de la victoire des républicains sur tous leurs ennemis.

Vive la République !

*Au Chef-lieu de la 21e. Brigade,
rue de Paradis.*

CITOYENS,

VOTRE nombreuse réunion à l'auguste cérémonie de ce jour donne à vos Magistrats l'imposant spectacle de votre patriotisme.

Combien votre zèle s'accroîtra-t-il par la possession d'un arbre qui sera parmi vous le point central des événemens républicains dont vous êtes animés : c'est auprès de cette source féconde des vertus civiques, que vous vous entretiendrez de la conquête de votre liberté ; vous vous rappellerez, à la vûe de ce signe de vos victoires, les dangers que vous avez courus, les combats que vous avez soutenus pour

ressaisir vos droits. Autant l'aristocra-
tie voit avec douleur ce monument de
vos triomphes , autant vous le voyez
avec la joie et l'enthousiasme qui ca-
ractérisent les vrais républicains.

Que cet Arbre, dont ce Chef-lieu
va être si majestueusement décoré , soit
l'objet de vos soins les plus assidus ;
soyez toujours en surveillance pour sa
conservation , comme pour le maintien
de votre liberté et de la tranquillité
publique. Soutenez , avec énergie , les
noms précieux que se sont acquis, à
juste titre , les divisions des *Droits-
de-l'Homme* et de *l'Homme-Armé*.
Montrez-vous toujours zélés défenseurs
de la Patrie : rappelez-vous sans cesse
ses grandes destinées : rappelez-vous
que vous êtes Français républicains,
et que ce titre est le plus beau que
vous puissiez posséder.

Vive la République !

Au Chef-lieu de la 20ᵉ. Brigade, rue Bon.

CITOYENS,

Vos Magistrats s'empressent de se rendre auprès de vous, pour remplir une fonction aussi sublime que touchante. Ils viennent mettre, sous vos yeux, le signe de la liberté que vous avez conquis : c'est le symbole de vos trophées qu'ils vont confier à vos soins. Cet Arbre chéri va rester parmi vous : vous possédez ce précieux gage de votre attachement aux principes républicains et à la Constitution de l'an III. C'est auprès de cet Arbre que vous vous fortifierez dans ces sentimens : son aspect vous inspirera les vertus qui en sont inséparables. Sans ces brillantes qualités du cœur, sans leur austère pratique, sans une sévère observance des lois, vous ne pouvez conserver vos triomphes sur le despotisme : vous vous ferez un devoir, Citoyens, de porter sans cesse vos regards sur ce souvenir flatteur de votre régénération.

S'il étoit quelqu'individu assez indifférent sur son bonheur, assez ennemi de lui-même pour le repousser, qu'il n'approche point de l'auguste enceinte qui lui est consacrée. L'air pur qui y circulera n'appartient qu'aux républicains : ses douces influences sont réservées aux Citoyens, amans de leur liberté et de leur patrie, jaloux de sa gloire et de l'illustration du nom français.

La division des Arcis, qui s'est constament distinguée par son patriotisme, en donnera de nouvelles preuves. La République recueillera des fruits abondans de cette mémorable

journée : votre zèle augmentera, Citoyens , pour sa prospérité , et vous
fonderez votre propre félicité.

Vive la République !

Signé CHAPPE.

Après ces Discours , le Commissaire
du Pouvoir exécutif a requis l'exécution du programme arrêté par l'Ami-
nistration Municipale pour cette cérémonie.

Le Citoyen JEANNEL , Président, lui
en a donné acte, au nom de l'Administration Municipale , et a prononcé
le Discours suivant.

DISCOURS

DU C. JEANNEL,

Président de l'Administration Muni-
cipale, prononcé le 3o Ventôse.

CITOYENS,

Sɪ, par notre force et par notre
énergie , nous avons reconquis notre
liberté , que le despotisme et ses sup-
pôts nous avoient enlevée ; une aussi
grande victoire, si belle, si digne enfin
des Français, doit être par eux signa-
lée d'une manière éclatante.

Cette journée nous offre deux occasions également intéressantes : la pre-
mière est la plantation de l'Arbre de
la liberté , dont nous nous occupons
maintenant :

Et la seconde, c'est la Fête de la Souveraineté du Peuple, que nous allons ensuite célébrer au Temple du Commerce.

L'une et l'autre de ces cérémonies sont également augustes et imposantes. Elles méritent toutes nos méditations, et je ne fais pas de doute que leur objet moral, bien senti, ne produise le meilleur effet, en affermissant le gouvernement républicain.

D'abord, l'Arbre de la liberté est le drapeau toujours déployé auprès duquel nous devons tous nous réunir avec empressement, pour repousser avec courage la plus legère atteinte qui seroit faite à nos droits sacrés.

Notre souveraineté prendra un nouveau lustre quand nous aurons rempli nos devoirs aux nouvelles assemblées primaires, et que nous n'aurons élus, pour les places importantes à occuper, que des républicains probes et désintéressés , n'ayant d'autre désir, d'autre but que de voir le gouvernement actuel s'affermir et le bonheur de tous assuré.

Pour jouir , d'une manière certaine et durable , de tous ces précieux avantages , pour consolider notre tranquillité et notre félicité , il faut travailler sans relâche à écarter pour jamais , s'efforcer même d'anéantir la malveillance qui s'agite en tout sens , que nos ennemis protègent et soudoyent.

Quelle reconnoissance ne devons-nous pas au corps législatif, au Directoire exécutif , pour savoir employer les moyens les plus efficaces à déjouer toutes les manœuvres contraires au soutien de notre gloire ?

Nos armées , nos braves frères d'armes, conduits et guidés par des officiers et des généraux sages et expérimentés , se disputent l'avantage de renverser l'ennemi du dehors.

Que les uns et les autres méritent

d'éloges ! aussi combien sont étendus les sentimens d'intimité et de reconnoissance que nous leur portons ?

Si donc nous avons l'exemple de travaux aussi grands , aussi pénibles, dont l'objet est pour nous tout entier , que ne devons-nous pas faire pour les convaincre que nous avons même vœu et même désir qu'eux !

Citoyens , en exécutant par nous les lois avec la plus stricte ponctualité, en abandonnant et foulant aux pieds toutes haines et ressentimens particuliers, marchant tous d'un pas égal, faisant en toutes occasions le bien , nous prêtant secours mutuel ; enfin, en demeurant entiérement et sincérement unis par les liens sacrés de l'amitié la plus sincère et la plus étroite , seroit aussi, je m'en flatte, co-opérer par nous, d'une manière efficace, au bonheur commun auquel nous aspirons. Souvenons-nous toujours que c'est de l'union et de la parfaite concorde qu'est née la paix , et qu'en nous tenant unis intimément, nous forcerons l'ennemi à faire cette paix glorieuse que nous désirons.

Vive la République !

Les Administrateurs Municipaux,

Signé JEANNEL , *Président,* LEBEL , BOUSQUET , DECOURTYE , MARTIN , MERLE - BEAULIEU & JACQUEMIN.

[illegible]

[illegible]
[illegible]
[illegible]
[illegible]
[illegible]

[illegible]

[illegible]
[illegible]
[illegible] Chambre [illegible]
[illegible]
Monsieur [illegible]

DISCOURS

DU C. CHAPPE,

Commissaire du Pouvoir exécutif,

Prononcé au Temple du Commerce, à la
célébration de la Fête de la Souveraineté
du Peuple, le 30 Ventôse, an VII.

CITOYENS,

La lumière a succédé aux ténèbres,
la force à l'inertie, la vertu au vice.
Des législateurs profonds, des guerriers
intrépides, ont été créés ; une vaste
carrière est ouverte aux sciences et aux
arts. A quels événemens sont dûs des
prodiges aussi éclatans sur le territoire
Français ? au rétablissement du Peuple
dans ses droits de souveraineté, et au
régime républicain qui en a été la suite.

Régime, précieux don de la Nature ! tu conserves à l'homme ses plus beaux attributs, la liberté, l'égalité.

Semblable à l'air qui part du sommet des montagnes, tu as purifié la France des vapeurs méphytiques du royalisme.

Eh ! de quelles commotions le renversement de ce monstrueux colosse a-t-il été accompagné ? Une effrayante coalition s'est formée, les fléaux de la guerre se sont déployés ; la république naissante, telle qu'un vaisseau agité par les vents, a flotté entre la crainte et l'espérance : une puissance ambitieuse, depuis long-tems jalouse de l'honneur, du nom, et de la richesse du sol Français, leur suscite des ennemis, et les soudoye pour en venir plus sûrement à ses vûes perfides. Cette puissance, idolâtre d'un ministre astucieux, s'abandonne aux odieux projets qu'il enfante, et couvre les mers de

barrières

barrières vomissant le fer et la flamme.
Cependant, du sein des voutes azurées,
la Divinité, protectrice de l'homme et
de ses droits, surveille sans cesse les
destinées de la France, qu'elle réserve
à fixer celles de l'Univers. Les Français marchent précédés de la victoire ;
les généraux ennemis tant vantés, sont
défaits, et leurs troupes abusées se re-
tirent en déroute. La France rentre
dans un de ses anciens domaines par
le vœu des peuples qui l'habitent.

Les Bataves réclament l'amitié, la
puissance des Français : ces défenseurs
de la liberté courent à leur voix ; les
plus grands dangers ne font qu'exciter
leur courage, et, à leur aspect, les
Provinces-Unies sont délivrées du joug
d'un usurpateur.

L'Helvétie fait entendre ses accens
plaintifs sur la corruption de son gouvernement ; les mânes de Guillaume-
Tell sortent irritées de leur tombeau,

et cherchent un autre azyle : les Français rétablissent dans cette contrée la liberté, et calment les restes précieux de l'illustre fondateur du bonheur de ses habitans.

L'empire de la superstition tenoit l'Italie sous la verge du despotisme depuis une longue suite d'années. Rome, qui fut le centre d'une république si fameuse, gémissoit en silence de son avilissement ; les Français vengent cet outrage, et rendent au Capitole son antique splendeur.

Enfin, tout récemment, deux despotes, courroucés des progrès de la liberté, osent vouloir les entraver ; l'un d'eux met sur pied une nombreuse armée ; l'autre ourdit des trames sourdes, et tous deux violent les traités les plus authentiques : les républicains se mettent à leur poursuite, et le trône de ses tyrans est renversé.

De tels faits, Citoyens, ne permet-

tent pas de douter que le régime républicain soit la source des vertus les
plus magnanimes.

Si nous jetons nos regards sur la
royauté , nous n'y voyons que les dé-
combres des droits du peuple.

Les Francs , ayant à leur tête Clovis,
pénètrent dans les Gaules et en chas-
sent les Romains. Ce chef de conqué-
rans s'empare du pouvoir à l'aide du
fanatisme. L'ambition de consolider sa
puissance , lui fait commettre les plus
grands attentats. C'est sous de tels
auspices que le régime monarchique a
pris naissance en France.

Combien de traits de cruautés , de
perfidies , de noirceurs , d'orgueil et
d'égoïsme , l'histoire ne rapporte-t-elle
pas sur la plupart de ses successeurs !

A quels dangers le dernier roi des
Français n'a-t-il pas exposé la Nation !
Dans quels affreux abîmes eût-elle été
plongée , si ses desseins pervers lui

eussent réussi ! Peut-on se rappeler, sans frémir d'horreur, la corruption de la cour qui l'environnoit. La plus honteuse débauche y étoit en crédit : cette cour fut l'antre affreux d'où sortirent en foule les vices qui désolèrent la France.

Qu'il doit être pur et sincère, notre attachement au régime républicain ! Ses bases reposent sur les vertus : il a formé des Français un peuple de frères, un peuple ami des vrais principes. Les droits et devoirs de l'homme en société sont sa morale chérie ; ses règles de gouvernement résident dans la sage Constitution qu'il s'est donnée en l'an trois.

Redoublons d'efforts, Citoyens, pour arriver au terme de la félicité dont le chemin nous est ouvert. Déjà nous avons triomphé de beaucoup d'ennemis : que ceux qui nous restent à vaincre éprouvent les effets de votre courage. Soyons en garde contre l'anarchie. Ce monstre anti-social, semblable à un loup ravissant, cherche des victimes qu'il puisse immoler à sa voracité. Surveillons le royalisme ; ses sectateurs, nouveaux protées, se masquent sous toutes sortes de formes, et sont sans cesse aux aguets pour atténuer les principes républicains. Tantôt ils employent la force d'inertie ; tantôt ils ont recours à des propos qui ont pout objet le découragement : sur-tout, Citoyens, exécrons le cabinet Britannique, ce foyer d'intrigues, de cruautés, de dissentions, de séductions et d'atrocités contre la République : *GUERRE AU GOUVERNEMENT ANGLAIS.*

La valeur Romaine l'emporta sur la richesse de Carthage ; la défaite du gouvernement Anglais est en notre pouvoir, si nous invoquons l'énergie républicaine. Abandonnons au mépris les marchandises Anglaises. Imitons dans l'intérieur , pour la prospérité nationale , l'intrépidité de nos frères d'armes pour la gloire de nos drapeaux : tournons toutes nos forces à l'affermissement de notre régime : ne tardons plus ; secondons les vûes du gouvernement , sans cesse surveillant pour le maintien du bon ordre, en même tems qu'il fait respecter le nom Français jusques aux contrées les plus éloignées.

La patrie nous appelle ! que sa voix touchante pénètre nos cœurs ! tendons tous au but d'assurer son triomphe , et de recueillir les fruits des sacrifices que nous avons faits pour la conquête de notre liberté. Que chacun de nous se signale par sa soumission aux lois, par la pratique des vertus républicaines ! Le char de la victoire, parcourant le globe de la France , y répandra le bonheur, en lui assurant une paix aussi glorieuse qu'utile.

C'est demain , Citoyens , que s'ouvrent les Assemblées primaires. Que cet acte de l'exercice de la souveraineté du peuple , est imposant ! Vous avez à remplir les fonctions les plus augustes. Rappelez-vous sans cesse » que c'est du sein de la sagesse des » choix dans les assemblées primaires » et électorales, que dépendent prin- » cipalement la durée , la conservation » et la prospérité de la République «. Soyons tous émules l'un de l'autre , dans les devoirs que nous impose cet article de l'acte constitutionnel. La fête de ce jour nous les rappelle. Elevons-lui, dans notre cœur, un autel, sur lequel brûle l'encens du plus pur patriotisme. Ces devoirs et nos sentimens formeront un ensemble inaccessible à nos ennemis , et dont la fortune et la tranquillité publiques , seront l'heureux résultat.

Vive la République !

Le Commissaire du Directoire exécutif a requis l'exécution du programme arrêté par l'Administration Municipale pour la célébration de la fête.

Signé CHAPPE.

De l'Imprimerie de DESVEUX, rue Avoye, N°. 160.

www.ingramcontent.com/pod-product-compliance
Lightning Source LLC
Chambersburg PA
CBHW061751060726
47597CB00007B/2873